차례

부활과 재림신앙의 산증인들

성 찬 용 목사
역사편찬위원장
청파교회 담임

친애하는 성결교회 성도여러분!

기독교대한성결교회는 부활과 재림신앙을 열망하여 일제강점기와 한국전쟁을 통해 많은 순교자를 배출한 교단입니다. 성결교회는 재림신앙으로 인해 당시의 주적에 의해 심하게 탄압을 받았으며, 강제 해산되었고, 많은 교역자와 성도들이 순교하거나 추방당하고 옥고를 치렀습니다. 이런 순교자의 희생은 오늘날 우리 신앙에 면면히 흐르고 있습니다.

이 순교성지 가이드는 순교자를 배출한 교회와 순교자를 소개하고, 순례 객들에게 도움이 되고자 제작을 하였습니다. 순교성지는 역사적으로 중요한 장소들입니다. 이곳을 방문하는 신앙인들은 순교자들로부터 부활과 재림에 대한 믿음을 배웁니다. 우리는 부활과 재림에 대한 믿음을 토대로 산증인으로 삶을 살고 있습니다. 예수 그리스도의 부활과 재림은 성도들에게 새로운 삶의 희망을 주며, 순교의 삶을 살 수 있는 믿음을 허락합니다. 이 믿음은 우리들에게 용기를 주고, 어려운 시련에도 불굴의 힘을 심어줍니다.

이 가이드 북은 순교성지를 방문하는 독자들에게 귀중한 정보와 영감을 제공합니다. 우리는 이곳들을 순례하면서 성령의 인도하심을 받으며, 우리 믿음을 더욱 굳건하게 하는 시간을 보낼 것입니다. 순교성지는 우리에게 영원한 삶을 향한 여정에서 중요한 터닝포인트이며, 이곳에서의 경험은 우리를 더욱더 영적

인 존재로 이끌어 줄 것입니다. 또한 이 가이드 북은 부활과 재림에 대한 깊은 이해와 믿음의 증진을 돕는 것을 목표로 합니다. 우리는 순교성지에서 순교자들의 영광스러운 이야기를 되새겨 보고, 우리 자신의 신앙을 강화할 수 있는 시간이 될 수 있습니다.

마지막으로, 순교성지 가이드 북은 2002년에 처음으로 발간되었습니다. 이후 2007년 1차 개정, 2012년 개정 증보 그리고 2017년 2차 개정된 이후에 7년 만에 2차 개정 증보판을 발간하게 되었습니다. 이번에는 강릉교회가 순교성지로 새롭게 추가되었고, 변경된 사항과 미비된 부분을 정리하였습니다. 앞으로도 순교성지의 발굴이 계속 이어지기를 소망합니다. 이 가이드 북이 교단 순교성지를 뜻깊게 안내해 줄 것이라 생각됩니다. 이를 위하여 협력하신 순교성지 교회의 목사님들과 총회본부 교육국 직원들에게 감사를 드리며 기독교대한성결교회의 무궁한 부흥과 발전을 기원합니다. 순교성지를 방문하는 모든 분들이 하나님의 축복 아래에서 안전히 여행할 수 있기를 기도드립니다. 임마누엘! 아멘!

감사합니다.

기독교대한성결교회
순교성지의 역사 현장 순례

본 기독교대한성결교회 순교성지 순례 안내는 각 교회와 단체 혹은 가족 및 개인이 전국 각지에 있는 성결교회 순교성지에 대한 순례를 보다 유익하게 진행할 수 있도록 돕기 위하여 만든 자료입니다. 불속이라도 뛰어들어 순교를 불사했던 선배들의 신앙정신과 그 영성을 배우고, 어떤 어려움 가운데서도 신앙의 지조를 굳건하게 세우고, 승리하는 삶을 살아가도록 돕는 성지순례 가이드북입니다. 다음의 안내를 따라 본 자료를 활용하여 주시기 바랍니다.

각 순교성지에는 한국 근현대사에서 발생한 특별한 순교 사건과 순교자들의 이야기를 담고 있습니다. 경건하게 준비된 몸과 마음으로 순교성지 순례를 준비하여 실행하시기 바랍니다.

본 자료집을 활용하는 성결교회 순교성지 순례 안내는 그 특성상 아래와 같은 교육 프로그램으로 진행하기에 적절합니다.

1. 목회자 단체의 수련회
2. 목회 준비생(전도사. 신학생)들의 훈련 프로그램
3. 평신도 지도자들의 영성 및 리더십 훈련
4. 청년들의 영성과 인생 진로 훈련
5. 청소년과 어린이들을 위한 신앙 영성 캠프

순교성지 순례 프로그램 진행 안내

1 1박 2일 혹은 2박 3일, 혹은 3박 4일의 일정을 결정합니다.

2 1박 2일 혹은 2박 3일, 혹은 3박 4일의 일정을 위해 교통수단과 숙박 방법 및 장소를 결정합니다.

3 일정별, 시간대별로 각 순교성지의 교회 목사님이나 안내자와 연락하셔서 충분한 안내와 설명의 기회를 얻도록 사전에 연락을 취합니다. 필요한 경우 기독교대한성결교회 총회본부 교육국으로 연락바랍니다.

> TEL. 02-3459-1051~2 역사편찬위원회 담당자

4 일정 시작 2-3주일 전, 참가자들과 함께 2-3회에 걸쳐 '순교영성기도회'를 진행 합니다.

5 일정 시작 1주일 전, 인솔자는 각 순교지의 순교사건이나 인물들과 관련하여 그 역사적 배경이 될 만한 자료들을 수집, 참가자들에게 배포합니다.

6 일정 당일 본 순교성지 순례 가이드북을 준비하여 출발하기 전 참가자들에게 배포합니다.

7 순교성지 순례 일정은 경건회로 시작합니다.

순교성지 순례 진행시 저녁에는 숙소에서 그날그날의 순례 의미와 교훈을 나누고 기도회를 갖습니다.

8 순교성지 순례 일정을 마친 1주일 후, 참가자들이 함께 모여 정리 기도회 모임을 진행합니다.

"예수가 천황보다 더 높다."

기독교대한성결교회 순교성지 철원성결교회

하나님께 대한 신앙의 절개 '박봉진 목사'

순교이야기 Martyr Story

철원성결교회와 박봉진 목사는 성결교회의 매우 중요한 의미를 간직한 교회이고 목회자다. 철원성결교회는 1914년 11월에 강원도에 세워졌다. 성결교회가 강원도에 세운 첫 교회일 뿐만 아니라 1907년 성결교회의 태동과 비슷한 시기에 세워진 교회이기 때문에 역사적으로 중요한 의미를 담고 있다. 철원성결교회는 일본제국주의의 모진 박해에도 불구하고 지역의 사람들뿐만 아니라 일본인들까지 와서 신앙생활을 할 정도로 부흥한 교회였다. 특히 철원성결교회는 일제의 모진 고문과 회유에도 불구하고 하나님께 대한 신앙의 절개를 지킨 박봉진 목사의 순교 정

신이 배어 있는 곳이다.

　일본은 1943년 5월 23일 교단의 '활천'을 폐간하고 성결교회 목회자에 대한 예비검속령을 강화했다. 그 가운데 철원성결교회 박봉진 목사는 신사참배를 거부한다는 이유로 철원경찰서에 출두명령(1943년 5월 27일)을 받았다. 그 후 일제는 3개월 동안 박봉진 목사에게 모진 고문을 가하며 신사참배와 재림신앙을 포기할 것을 강요했다. 하지만 박봉진 목사는 "하나님 외에 참 신이 없으며 천왕도 결국 심판을 받는다."라고 말하며 끝까지 신앙의 절개를 굽히지 않았다. 그러다가 그해 1943년 8월 10일 고문으로 인해 거반 죽을 때까지 이르렀을 때 감옥에서 풀려난 그는 결국 회복하지 못하고 8월 15일 새벽 4시 경에 순교하였다.

박봉진 목사는 1890년 경기도 평택의 가난한 농가에서 출생하였지만 성결신앙을 받아들이면서 복음에 대한 구령의 열정을 보였다. 금은방 사업을 통해 재산을 모았던 그는 1923년 평택성결교회를 건축하는데 건축비의 대부분을 헌금하면서 교회건축에 앞장을 섰다. 1932년 이성봉 목사의 영향으로 42세란 늦은 나이에 남은 삶을 주님께 헌신하기로 결심하고 경성성서학원(서울신학대학교 전신)에 입학하여 사역자의 길을 걸었다.

이후 그는 장호원교회와 여주교회로 파송되어 목회했으며, 1941년 5월에 일제의 탄압이 가장 심했던 철원교회의 담임목사로 부임을 했다. 이미 평신도 시절 1919년 3월 1일 만세운동에 적극 가담한 일로 평택경찰서에 수감되어 고통을 당했던 박봉진 목사는 이곳에서도 일제의 신사참배 강요에 철저하게 맞섰다. 일본 형사 앞에 불려 간 박봉진 목사는 다음과 같이 말했다.

일본형사: 신사참배를 하지 않는 이유가 무엇이냐?
박봉진: 나는 하나님 외에 참신이 없다고 믿는다.
일본형사: 너는 일본천황이 망하라고 기도한다는데 사실이냐?
박봉진: 그렇다.
일본형사: 너는 일본천황도 예수에게 심판을 받는다고 생각하느냐?
박봉진: 천황도 인간이고 죄를 범하였기 때문에 심판에서 제외될 수 없다.

당시 이성봉 목사는 박봉진 목사의 순교 소식을 듣고 애통해하며 "동남풍아 불어라, 서북풍아 불어라, 가시밭에 백합화 예수향기 날리니" 찬양을 불렀다. 박봉진 목사의 사모 신인숙 전도사 등 유족은 후에 순교기념교회로 혜화동성결교회를 개척하여 순교신앙 계승에 노력했다. 기독교대한성결교회 총회본부 1층 역사관에는 그의 순교정신을 기념하여 제작한 흉상과 혜화동성결교회의 현판이 전시되어있다.

철원성결교회 (담임 김창현 목사)
강원도 철원군 동송읍 이평로 93 Tel 033)455-2624

故 박봉진 목사의 후손 근황

부인 신인숙 전도사 소천
장남 박영기 소천
차남 박한기 장로 소천
삼남 박해원 장로 소천
사남 박영섭 장로 소천
오남 박한섭 장로 소천
장녀 박해순 권사 소천
차녀 박해덕 권사 소천
삼녀 박해석 권사 소천
자부 정순옥 권사 소천
자부 양승덕 권사 부산 온누리교회
자부 정영숙 권사 미국거주
자부 조세숙 전도사 서울 남부교회
장손 박병준 집사 미국거주
손자 박동준 장로 부산 온누리교회
손자 박봉준 장로 서울 남부교회

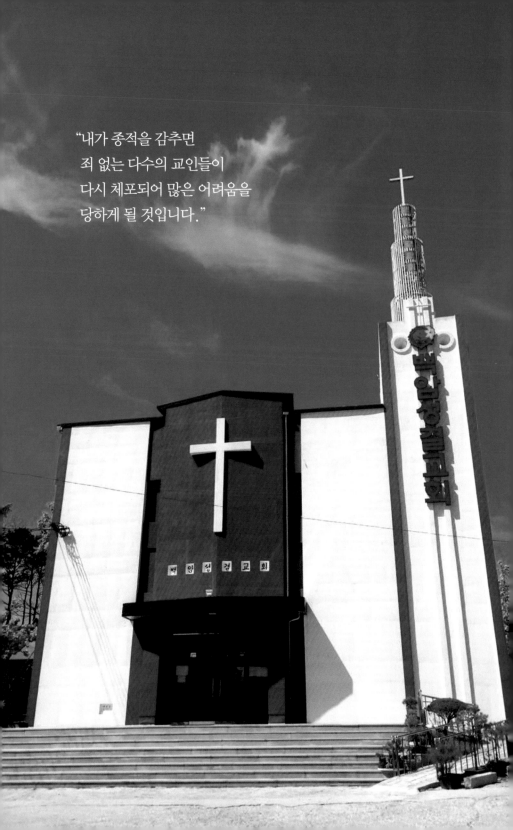

"내가 종적을 감추면
죄 없는 다수의 교인들이
다시 체포되어 많은 어려움을
당하게 될 것입니다."

아비의 심정으로 사랑했던 '서두성 목사'

순교이야기 Martyr Story

"내가 종적을 감추면 죄 없는 다수의 교인이 다시 체포되어 많은 어려움을 당하게 될 것입니다." 공산군 치하에서 옥고를 치른 후 서두성 (1920-1950) 목사가 피난을 강권하는 교인들과 지인들에게 남긴 말이다. 이처럼 서 목사는 자신보다 먼저 교인들의 안위를 생각하는 아비 같은 목자의 심정을 가진 자였다.

기독교인은 군인, 경찰관, 공무원 가족과 함께 공산당이 작성한 살생부(殺生簿)의 앞자리를 차지하고 있었다. 특히 목회자는 공산당의 주적(主敵) 중에 한 부류였다. 지금까지도 단골 메뉴처럼 등장하는 '미제(美

帝)의 앞잡이요 민족의 반역자'라는 것이 그들에게 붙여진 죄목이었다.

공산당의 생트집에 잘못 걸려들면, 최소한 옥살이나 잔혹한 고난을 각오해야 하는 상황이었다.

이런 사실을 잘 알았기에, 공산군의 백암 입성을 앞두고 신태원 장로와 교인들이 서 목사에게 피난을 간곡히 권했다. 백암 지서장도 자신이 준비한 차량으로 같이 피난 가자고 간청했다. 하지만 서 목사는 돌봐야 할 양 떼를 남겨두고 혼자만 살 길을 찾아 떠날 수 없다고 완강히 거절했다. 목자의 도리를 외면하고 피난하는 것이 마음에 허락되지 않았던 것이다. 그래서 죽어도 교인들과 함께, 살아도 교인들과 함께하겠다는 각오로 그런 간청을 거절했다. 그는 사랑의 사도였다.

이런 자세는 공산군 치하에서 옥고를 치른 후에 또 다른 기회가 주어졌을 때도 흐트러지지 않았다. 백암지역이 공산군 치하에 들어간 후, 한 번은 백암교회 교인들이 라디오를 듣다가 발각되어 내무서로 끌려갔다. 그 소식을 듣고, 서 목사는 내무서로 찾아가 교인들의 석방을 간청했다. 그곳 책임자가 "당신이 대신 이곳에 있겠다면 교인들을 석방해 주겠다." 고 제안하자, 서 목사는 망설임 없이 대신 옥고를 치르고 교인들이 모두 풀려나도록 했다.

이 사건이 있은 후, 서 목사의 위험을 예견한 가족과 교인들이 재차 피신할 것을 강권했다. 하지만 주님의 교회를 위하는 그의 거룩한 고집을 누가 꺾을 수 있겠는가? 당연히 그의 반응은 거절이었다. 아니나 다를까 며칠 후 서 목사는 예견했던 대로 공산당의 명령을 받아 자진 출두했는데, 이것이 순교자의 길로 가는 마지막 행보가 되었다. 서울로 압송되던 중 후퇴하기에 급급해진 공산군에 의해 서 목사는 수원 근교의 야산에서 무참히 살해되었고 하늘 순교자의 명예전당에 그 이름을 올리게 되었다.

백암교회가 시작된 것은 1930년 9월이었다. 1934년에는 백암 시내가 내려다보이는 현 위치에 대지 1,000여 평을 마련하여 교회 건물을 신축하였다. 최헌, 양석봉 목사 등이 이곳에서 사역하였고, 서 목사가 부임한 것은 1948년 11월이었다. 백암교회는 그의 부임과 함께 부흥의 날갯짓을 힘차게 펼치기 시작했다.

서 목사는 열정의 구령자였을 뿐만 아니라 시대적인 선각자이기도 했다. 그는 지역 및 민족의 복음화에 헌신하였고, 시대적 현실과 사명을 회피하지 않는 선각자적 식견을 갖추고 있었다. 당시 우리나라는 건국 초기였기에 정치, 경제, 사회, 교육 등 전반적으로 틀이 아직 제대로 갖추어지지 못하고 있었다. 특히 공산주의자들의 책동으로 사상적인 혼란이 극심했고, 어느 때보다 올바른 시국관이 필요한 시기였다. 이에 서 목사는 당국의 협조를 얻어 시국강연회 등을 개최하고 지역 주민들이 공산주의의 거짓 선전과 선동에 현혹되지 않도록 혼신의 힘을 기울였다. 1949년에는 기독청년들을 중심으로 대한청년단을 조직하여 활동하면서, 신앙에 바탕을 둔 시국관을 심어주려고 백방으로 뛰어다녔다. 혼란에 처한 민족과 사회 현실을 외면만 하고 있을 수 없었던 것이다.

서 목사는 사회적 현안을 끌어안고자 하는 혜안과 열정도 갖고 있었다. 1947년 백암교회는 지역에 중등교육기관이 없어 배움의 기회를 얻지 못하는 청소년들을 위해 외사고등공민학교를 설립했다. 이 학교는 교회 사택을 교실로 개조한 것으로, 양석봉 목사와 신태환 장로가 주축이 되었다. 이것이 현 백암중학교의 모체이다. 서 목사는 이 학교의 토대를 닦고 향후의 발전을 위한 뼈대를 세우는 데 심혈을 기울였다.

서 목사의 이런 민족복음화 활동과 시대를 깨우는 선각자적인 활동은 순교의 한 요인이 되었다. 공산주의자들의 눈에, 서 목사는 놔두기에는 너무 불편한 가시였다. 기독교의 유신론적 세계관과 공산주의의 무신론적 세계관 사이에는 근본적으로 건널 수 없는 계곡이 있었다. 그 계곡을 서 목사는 순교의 피로 연결했던 것이다.

"내가 피난을 떠나라고 권면할 때 함께 떠났더라면 이런 불행한 참변은 당하지 않았을 텐데……. 교회를 위해서나 이 지역을 위해서나 참으로 안타까운 일이다." 서 목사의 순교 후, 백암 지서장이 서 목사의 장남 영호에게 남긴 말이었다.

떠남의 울림과 여운이 아름다운 자가 있고, 전혀 그렇지 못한 자가 있다. 서 목사의 순교는 오래 함께하고 싶은데 떠나보내야만 하는 헤어짐의 아쉬움과 아픔을 지인들의 마음에 선명하게 새겨놓았다.

서두성 목사
순교기념비

1948년 제4대 담임으로 부임하여
청년단을 조직 백암지역 시국강연을
주도했고, 현재 백암중고등학교의 전신인
외사고등공민학교를 세우는 데 커다란
공헌을 했다 6. 25전쟁 중 공산당에게
체포된 성도들의 석방을 위해 스스로
체포되어 31세의 젊은 나이에 순교
하였으니 그 고귀한 순교의 영성은
백암교회와 함께 영원하리라

백암교회 성도 일동

순례가이드 Pilgrimage Guide

백암성결교회 (담임 이호균 목사)

경기도 용인시 처인구 백암면 삼백로 1047 Tel 031)333-4341

"나의 죽는 것은 하나님의
뜻이니 내가 어찌 사람을
원망하겠소."

기독교대한성결교회 순교성지 **조치원성결교회**

세상의 악함을
그리스도의 사랑으로 덮은
'김동훈 전도사'

순교이야기 Martyr Story

"나는 이제 이 병으로 죽는 사람이나 나 죽은 후에 나를 구타한 사람들에 대하여 결코 고소하는 일이 없기를 바라오. 나의 죽는 것은 하나님의 뜻이니 내가 어찌 사람을 원망하겠소."

곁에서 간호하던 23세의 아내 김소순에게 어눌해져 말도 제대로 못하는 상태에서 김동훈(1897-1928) 전도사가 간절하게 부탁한 최후의 유언이었다. 그리고 1928년 10월 16일 그토록 사모하던 주님을 뵐 수 있는 영원한 본향으로 돌아갔다. 그때 그의 나이 30세였다. 유족으로는 4세 된 어린 딸과 아내 그리고 뱃속의 7개월 된 유복자가 있었다.

 죽는 순간까지도 김동훈 전도사는 그리스도의 사랑이 무엇인지 몸소
보여주었다. 억울한 누명과 무자비한 구타 때문에 중상을 입고 결국 죽
음에 이르게 되었지만, 김 전도사는 가해자들을 용서하고 어떤 보복도
하지 않기를 원했다. 자신을 십자가에 못 박은 원수들을 용서하셨던 주
예수님의 길을 따랐던 것이다.

 김 전도사가 순교에 이르게 된 것은 행실이 불량한 한 여인의 거짓말
과 거기에 부화뇌동한 불량배들의 구타 때문이었다. 1925년 4월에 설
립된 조치원교회에 김 전도사가 부임한 것은 1928년 3월이었다. 이전
에 김 전도사는 경주교회에서 3년 동안 사역하기도 했는데, 10여 명이
던 신자가 50여 명이나 모이는 부흥이 있었다. 그 와중에 김 전도사는

사도 바울의 자비량 사역에 도전을 받아 여건이 좋았던 경주사역을 내려놓고 지방전도대에 헌신하여 축호전도와 노방전도 등 구령운동으로 전국을 누볐다. 김 전도사는 한 영혼의 가치를 제대로 아는 사역자였고, 참된 부흥의 사람이었다. 김 전도사의 생의 마지막 사역도 위중하다는 급보에 달려온 친형에게 예수의 복음을 전하는 것이었다. "인생은 아침이슬이다. 허영에서 방황하지 말고 속히 회개하고 예수를 믿으라."

지방전도대 사역을 마치고 조치원교회에 부임한 후, 김 전도사는 필사적으로 기도하며 사중복음(중생, 성결, 신유, 재림)을 전했다. 부흥의 사람이 가는 곳에 부흥이 있다고 조치원교회에도 부흥의 기운이 일기 시작했다. 그런데 마귀의 거센 역공이 있었는가. 평소에 행실이 좋지 못했던 한 여인이 김 전도사를 유혹하려고 했다. 김 전도사가 수요예배 후 잠시 귀가했다가 평상시처럼 기도하기 위해 교회로 왔는데, 그 여인이 몰래 따라오더니 기도하려는 김 전도사를 붙잡고 자기를 사랑해 달라고 집요하게 달려들었다. 거듭 달래고 뿌리치던 김 전도사가 더 이상 안 되겠다 싶어 "사탄아 물러가라. 물러가지 않으면 네 남편에게 이르겠다."고 엄포를 놓았다. 그러자 거절당한 여인이 겁을 먹고 달아나 동거하던 남자에게 김 전도사가 자신을 유혹했다고 그 죄를 뒤집어 씌웠다. 그녀의 말에 동거남은 전후사정을 살펴보지도 않고 불량배들을 동원하여 김 전도사를 무참히 폭행했다. 이 때문에 김 전도사는 중상을 입게 되었고, 결국 병상에서 회복되지 못하고 20여 일 만에 죽음을 맞게 되었다. 성결한 삶이 순교로 이어졌던 것이다.

병상에 있는 동안, 사건의 진상을 알게 된 지역 유지들이 하나같이 김 전도사에게 불명예가 되지 않도록 가해자들을 고소하도록 강권했다. 그러나 김 전도사는 이런 말로 그들을 중단시켰다. "경우로는 그러하나 내가 조치원에 와서 구원의 복음을 전하고 사랑의 복음을 전하였으니, 그들이 회개하기를 기도할 뿐이며, 또 고소는 진리와 모순이니 결코 양심이 허락하지 아니하노라." 원수를 사랑하라는 주님의 가르침을 김 전도사는 그대로 실천했던 것이다. 자기의 아픔은 아랑곳하지 않고 가해자들의 영혼을 위하여 기도하며, 복수의 정신이 아니라 원수들의 회개를 소망했던 것이다. 한국성결교회의 첫 순교자로 기리기에 부족함이 없는 아름다운 매듭짓기와 떠남이었다.

김 전도사의 뜻하지 않은 단명(短命)의 죽음은 많은 사람들을 안타깝게 했다. 그해 10월 28일에 열린 추모회는 성결교.감리교.장로교의 연합으로 진행되었고, 아직 예수를 믿지 않는 지역의 유지들까지 자청하여 조사에 나섰다. 사건의 전모를 세밀하게 조사한 후, 이명직 목사는 그 내막을 「활천」 12월호에 "김동훈 순절기"를 게재하였고, 뒤이어 같은 이름으로 책을 펴냈다. 순교한 지 1-2개월 만의 일이었다. 그래서 김 전도사의 성결한 삶과 순교가 후대에까지 자세히 알려지게 되었다.

김 전도사의 순교는 "세상의 부끄러움을 사랑으로 덮은 선생", "성결 두 자 그대로 실행하시던 선생"의 별세였다. 교회의 불행이자 지역의 불행이었다. 그러나 김 전도사의 순교는 한 알의 썩어지는 밀알이 되었다. 사람들을 감복시킨 성결한 순교자의 피가 헛되지 않았던 것이다. 또한 무엇보다 유족들의 전언에 의하면, 순교 이후 가해자들이 모두 회개하고 교회에 나와 예수님을 믿고 구원을 받았다고 한다. 자신들을 끝까지 용서한 김 전도사의 사랑에 감복했던 것이다.

조치원교회에서는 이와 같은 김동훈 전도사의 성결한 삶과 순교의 영성을 역사적 유산으로 귀하게 여기고 있다. 1976년 4월에는 창립 50주년을 맞아 특별히 신축한 교육관을 김 전도사의 숭고한 뜻과 순교적 정신을 기리고자, '김동훈 전도사순절기념관'으로 봉헌하였다. 이 순절기념관은 세종시의 새 역사에 동참하기 위하여 현재의 교회를 건축하면서

안타깝게도 없어지고 말았다. 그러다 2015년 5월 창립 90주년을 맞아 '김동훈 흉상 제막식'과 '김동훈홀 명명식'을 갖고 역사적인 의미를 되새기는 기념물을 마련하여 그 순교의 영성을 이어가고 있다.

순례가이드 Pilgrimage Guide

조치원성결교회 (담임 최명덕 목사)
세종특별자치시 조치원읍 돌마루4길 19 Tel. 044)865-4815

"내 영혼 받으소서,
　　내 영혼 받으소서."

기독교대한성결교회 순교성지 **병촌성결교회**

한국전쟁 속에 꽃 피운
66인의 순교

순교이야기 Martyr Story

"내 영혼 받으소서. 내 영혼 받으소서."

1950년 6월 25일 발발한 한국전쟁의 소용돌이 속에 9월 27일, 28일 병촌교회는 아름다운 믿음의 신자 66인을 주님의 품으로 떠나보낸다. 병촌교회는 1933년 설립되어 일제의 탄압으로 1943년 12월에 해산되었다가 광복 후 김주옥 집사 등에 의해 재건된 교회로 큰 수난을 겪었다. 한국전쟁이 일어났던 1950년, 대전, 논산 등지로 내려온 공산군은 논산시 성동면 개척리와 병촌리 일대를 장악하여, 쌀을 비롯한 농작물을 강제로 빼앗고 폭행과 고문, 살인을 저지르며 지역 내 반공 인사 120여 명을 검거하였다. 그 가운데는 병촌교회 김주옥 집사를 비롯해

정수일, 구순희 등의 교인과 그 가족들이 포함되어 있었다. 성동면은 일본 강점기 때부터 좌익 세력이 강했던 곳으로, 이 지역 기독교인들과 지주계급의 유지들은 반공 세력으로 간주되어 큰 고초를 겪었다. 당시 병촌교회의 김주옥 집사는 악질 반동분자로 몰려 창고에 갇혀 즉결 총살형을 선고받고 모진 고문을 당하였다. 극적으로 죽음 직전 총살형을 피하였으나, 다음날 논산 내무서로 압송되어 끊임없는 회유와 혹독한 고문을 당하였다. 그날 밤 김주옥 집사는 환상을 본다. 자신을 심문하던 감찰계장이 던질 질문을 환상으로 미리 알게 된 것이다. 이에 담대함을 얻은 김주옥 집사는 감찰계장의 질문에 앞서 당당하게 '나는 예수를 믿는 신자라'고 밝힌다. 죽음을 두려워하지 않는 김주옥 집사의 담대함에 감동하여 더는 고문을 하지 않았고, 이후 감시가 소홀한 틈을 타 탈출에 성공한다.

이후 국군과 유엔군의 인천상륙작전 성공과 9.28 수복으로 서울 탈환에 불리해진 공산군은 황급히 마을에서 철수하며 마을 좌익분자를 앞세워 9월 27일과 28일 이틀간에 걸쳐 "예수 믿는 자들은 우리 공산당과 사상이 맞지 않는다."라며 병촌교회 신자 66인을 각각 세 곳에 나누어 칼과 몽둥이 죽창 등으로 무참하게 살해하고 10미터도 더 되는 구덩이에 매장을 하였다.

당시 정수일 집사(여 31세)는 시부모, 시동생, 아들, 딸, 조카 등 10인의 가족과 함께 죽음의 순간에도 기도와 찬송을 했다. 오히려 공산군의 총칼 앞에서도 "공산군은 패전하니 회개하고 예수 믿으십시오."라고 외치며 공산군에게 복음을 전한 것이다. 끝까지 신앙의 절개를 잃지 않았던 정수일 집사는 손을 하늘로 우러러 들고 맞아 죽어가는 순간에도 "주여, 내 영혼을 받으소서"라고 기도하며 죽음을 맞이하게 된다. 정수일 집사 외에도 "예수를 믿으면 다 죽여 버리겠다."는 공산군의 위협과 모진 고문 속에 신앙을 굽히지 않았던 병촌교회의 신자들(교회 직원 1인, 세례인 14인, 학습인 12인, 구도자 8인, 학생과 유아 31인 총 66인)은 병촌리 뒷산 골짜기와 까치마을 공동묘지에서, 또 불암산 끝자락

금강 갈대밭에서 처참한 모습으로 구덩이에 그대로 묻히게 된다.

병촌교회는 한국전쟁의 포화 속에 총 74인의 신자 중 남자 27인, 여자 39인, 총 16세대의 가족들을 잃는다. 이때 김주옥 집사의 어머니와 아내, 둘째 아들과 둘째 딸, 조카 3인, 모두 7인이 순교를 하였다. 그 와중에 김주옥, 우제학, 노미중, 신용순, 이정숙 5명의 장년과 김명호 김영자 김완호 등 학생과 어린이, 총 8명의 신자만이 기적같이 살아남는다. 서울 수복 이후 공산 세력에 가담했던 가해자와 양민의 피해자들이 서로 얼굴을 마주 대한다는 것은 너무나도 힘든 일이었다. 피비린내 나는 보복이 예상되었으나 김주옥 집사를 필두로 피해자 가족들은 공산군 세력에 가담했던 사람들을 주님의 말씀으로 용서하고 포용하며 무너진 마을과 교회를 재건하는 일에 앞장서 1956년 순교자 기념교회를 설립하였고, 그리스도의 사랑을 실천해 나갔다. 공산 세력에 의해 아버지와 누이 둘을 잃은 생후 9일 된 한 아이가 훗날 성결교단의 목사가 되었으니, 그가 바로 기독교대한성결교회 전 총무 김진호 목사이다. 병촌교회 중심축의 역할을 하

였던 김주옥 집사는 1958년 3월 3일 병촌교회 초대 장로로 장립되었다.

기독교대한성결교회는 한국전쟁 당시 많은 성도가 신앙을 지키기 위해 일시에 죽임을 당한 일을 순교로 인정하고 이들의 순교 정신을 기리며 후세에 전하고자, 1989년 6월 23일 교단 창립 80주년 기념행사의 하나로 '66인 순교 기념탑'을 세우기에 이른다. 김주옥 장로는 병촌교회 당회에서 순교 공로자로 추대되어 66인의 순교자와 함께 병촌교회 순교자 묘지에 안장되었다. 병촌교회 신자들은 지금도 66인의 순교신앙을 본받아, 매년 9월 마지막 주일을 '순교기념주일'로 지키면서 죽는 날까지 죽을 각오로, 순교자의 신앙이 모든 이들에게 전파되기를 기원하며 투철하게 신앙생활을 하고 있다. 공산 세력들에게 가족들이 끔찍하게 살해당할 때, 극적으로 살아남은 병촌교회 학생과 어린이는 김명호(김주옥 장로 장녀, 당시 15세, 현 영광교회 이석종 원로목사 사모), 김영자(김주옥 장로 조카, 당시 11세, 교단 전 총무 김진호 목사의 누이), 김완호(김주옥 장로 장남, 당시 6세)이다.

순례가이드 Pilgrimage Guide

병촌성결교회 (담임 이성영 목사)
충청남도 논산시 성동면 금백로 475 Tel. 041)732-6251

故 김주옥 장로의 후손 근황

장녀 김명호(영광교회 이석종 원로목사 사모)
장남 김완호(진해교회 원로장로)
차남 김신호(노은교회 명예장로, 전 교육부 차관)
삼남 김형호(청량리교회 명예장로, 가톨릭관동대학교 전 사무처장)
차녀 김영숙(목사)
삼녀 김영희(권사, 미국거주)
사녀 김혜숙(권사, 아일랜드거주)

"절대로 우상에게
절하지 않겠다."

최초로 신사참배를 거부한 김복희 교사와 57인의 학생

순교이야기 Martyr Story

강경에 복음의 등대인 강경성결교회는

동양선교회 초대 감독 존 토마스의 희생 위에 세워진 교회다.

문준경 전도사에 버금가는 여성사역자 백신영 전도사의 얼이 서린 교회다.

일제강점기에 최초로 신사참배를 단체로 거부한 교회다.

한국성결교회 대표적인 목회자들을 배출한 교회다.

한국성결교회 걸출한 평신도 지도자인 윤판석 장로를 배출한 교회다.

일제시대의 박해와 더불어 북한 공산당의 핍박도 견뎌낸 교회다.

"신사에 절하는 것은 미신이고, 미신을 숭배하는 것은 하나님이 싫어하시는 우상숭배라서 우리는 절대로 신사에 절하지 않습니다~!"

1924년 10월 11일 일제강점기에 강경에 주일학교 아이들의 외침이다.

1924년 10월 11일, 일제강점기에 신사참배를 강요당했던 강경교회의 김복희 여교사와 57인의 주일학교 학생들은 우상숭배를 거부하고 불이익을 감수한다. 1910년 한일강제병합으로 일제 치하에 놓인 우리나라에서는 일제에 의해 자행된 민족정신 말살 정책의 일환으로 신사참배

를 강요당한다. 하지만 1919년 3월 1일 만세운동과 '대한애국부인회' 결성에 주동자였던 강경교회의 백신영 전도사는 1922년부터 강경교회에 부임해 김복희 선생님과 주일학교 아이들에게 항일민족정신과 '나 외에 다른 신을 섬기지 말라'는 십계명의 신앙을 가르친다.

이후 1924년 10월 11일 일제는 '강경 신사'의 제일을 맞아 강경공립보통학교 학생에게 신사에 참배하도록 지시한다. 이에 다른 교사와 학생들은 모두 신사에 참배하지만, 강경교회 신자였던 김복희 교사와 주일학교에 다니던 57명의 학생은 "신사에 절하는 것은 미신이고, 미신을 숭배하는 것은 하나님이 싫어하시는 우상숭배라서 우리는 절대로 신사에 절하지 않습니다!"라고 단호한 신앙 의지를 밝히며 참배를 거부한다.

이를 알게 된 학교 측은 신사참배를 강요하며 참배하지 않을 경우에는 교사는 면직시키고 학생들을 퇴학시키겠다고 위협한다. 하지만 기독교 신앙과 민족애로 똘똘 뭉친 김복희 교사와 57명의 학생들은 당당히 무리한 신사참배 강요를 거부한다.

결국 최초의 신사참배 거부사건은 큰 문제로 확대된다. 당시 조선총독부에 보고되고, 〈동아일보〉, 〈조선일보〉, 〈기독신보〉 등 언론에 대대적으로 보도되며, 신앙의 자율성을 강요하는 일본의 강압에 대해 큰 이슈로 공론화된다.

이로 인해 조선총독부와 충청남도 교육청에서 관계자가 내려오지만 문제는 해결되지 않고, 학교는 학부모 회의를 통해 해결하려고 한다. 그러나 학부모들의 입장은 "우리도 조상께 제사하는 날이 있는데 이 아이들이 교회에 나간 뒤부터는 절하지 않는다, 때려보기도 하고 달래보기도 했지만 말을 듣지 않는다. 그렇다고 이 아이들의 행실이 나빠진 것도 아니고 오히려 더 성실해졌고, 공부도 열심히 하니 우리로서는 더 이상 뭐라고 말할 수 없노라"고 하며 오히려 신사참배 거부사건을 옹호한다.

이로 인해 학부모들이 아이들을 대신해서 몇 개월씩 구치소에서 감금되기도 한다.

결국 학교는 김복희 교사에게 권고사직을 요구한다. 하지만 김복희 교사는 "내가 면직을 당하면 당할지언정, 권고사직은 아니 하겠다."고 항변하며 스스로 면직을 택한다. 이를 두고 학생들이 선생님의 억울함을 호소하고 학교 측에 학습을 거부하다가 20여 명의 아이들이 퇴학을 당하기도 한다. 그중의 윤판석이라는 학생은 조선역사 교사를 내보내고 일본역사 교사를 채용해 조선역사 대신 일본역사를 가르치려는 교장에게 반발해 교장실에 끌려가 퇴학 처분을 당하기도 한다. 후에 독립자금

을 대는 독립투사로 활동하기도 하고 그 후에 성결교단에 전국주일학교 연합회와 남전도회전국연합회와 장로회전국연합회를 결성하는 초대 회장으로 성결교단에 걸출한 평신도 사역자가 된다.

이로 인해 1925년 10월 서울 남산 중턱에 남산신궁을 세우는 것을 계기로 신사참배를 전면적으로 확대하려던 일제의 정책은 10여 년 후퇴하게 된다. 2006년 강경교회에서는 신사참배거부선도기념비를 세워 우리나라 최초의 신사참배 거부운동의 뜻을 되살리며 역사와 민족 앞에 책임 있는 그리스도인으로 사명을 감당하고자 예배하고 있다.

순례가이드 Pilgrimage Guide

강경성결교회 (담임 강요한 목사)
충남 논산시 강경읍 계백로 219번지 40-1 Tel. 041)745-3164

☛ 강경성결교회에서 차로 5분정도 이동하면 강경성결교회 '한옥예배당'의 (옥녀봉로73번길 8) 옛 모습(1924년 완공)을 그대로 볼 수 있다.

"당신들도 예수 믿어야 산다."

끝까지 믿음을 지킨
'임광호 전도사'

순교이야기 Martyr Story

"당신들도 예수 믿어야 산다."

임광호 전도사는 황해도 신천군에서 1923년 3월 15일에 9남매 중 여섯 째로 출생하여 열심히 신앙생활을 하였다. 해방되고 얼마 지나지 않아 신학을 마치고 목회를 하던 중 신변의 위험을 느껴 신앙의 자유를 찾아 배를 타고 밤에 몰래 월남하였다. 월남 후 임광호 전도사는 부여 근처 감리교회에서 목회하던 중 당시 삼례성결교회 조석우 목사의 소개로 1948년 3월 4일 전북 완주군 와리장로교회에 부임하여 목회하였다. 임광호 전도사가 부임한 이후, 와리교회는 놀랍게 부흥하기 시작하였다.

1923. 3. 15. 황해도 신천 출생
1945. 9. 20. 이북과 길림성에서 신학공부 후 월남
1948. 3. 4. 부여근처 감리교회 사역 후 와리장로교회 부임
1950. 1. 30. 공산당의 방해로 와리교회 사임
1950. 4. 16. 하리성결교회 개척하여 건축 시작
      7. 10. 공산당에 의해 체포
      7. 20. 온갖 고문중에도 신앙을지키시다 저녁 6시경 순교

말씀에 능력이 있었고, 성도들은 임광호 전도사를 자연스럽게 따르기 시
작하여 지역에 큰 영향력을 끼치게 되었다.

그런데 이 와리라고 하는 곳은 당시 이북 방송에 와리에 관한 뉴스가
한 번은 꼭 방송될 정도로 공산당들이 설치던 곳이었다. 이런 상황에서
갑자기 외지에서 들어온 전도사가 교회와 동네 사람들에게 큰 영향력을
행사하는 것을 그냥 지켜만 보고 있을 수 없는 상황이 되었다. 게다가 시
간이 지나면 지날수록 공산당 체제보다 교회와 임광호 전도사의 세력이
점점 확장되다 보니 공산당들이 임광호 전도사를 요주의 인물로 지목하
게 되었다.

공산당들은 이후 교회 일에 시시콜콜 시비를 걸어왔고 아예 목회를 못

하도록 각종 방해 공작을 폈다. 특히 공산당과 야합한 주민들을 선동하여 '임광호 전도사는 이북에서 온 자'라고 모략을 일삼기도 했다. 이 일을 가만히 지켜보던 와리교회 장로님 한 분은 깊은 고민 끝에 임 전도사의 장래를 위해 그를 내보내기로 결정하였다. 당시 임광호 전도사는 1950년 3월 27일 김복순과 결혼을 했다. 이 신혼부부는 와리교회를 그만둔 직후인 1950년 4월 16일에 삼례성결교회 조석우 목사와 상의한 후 와리와 하리의 중간 쯤에 위치한 백한나 씨의 집에 천막을 치고 하리성결교회를 개척하였다.

하리성결교회도 하나님의 은혜로 놀랍게 부흥이 되었다. 와리교회에서 온 사람들을 비롯하여 많은 동네 사람들이 교회로 나오게 되었다. 아픈 사람이 있으면 논밭에까지 가서 치료에 성심을 다하는 그의 모습을 보고 각 동네에서는 임광호 전도사를 칭찬했으며 많은 청년들이 존경하여 따랐다. 이렇게 임광호 전도사가 또 유명해지고 성도들의 숫자가 갈수록 늘어가니 공산당들은 신경을 많이 쓸 수밖에 없었다. 따라서 그들은 임광호 전도사를 몇 번이나 끌고 가 조사를 받게 했다.

그 와중에 한국전쟁이 일어났다. 그러나 임광호 전도사와 성도들은 피난을 가기보다는 이제 시작한 성전건축을 계속했다. 7월 10일경 성전건축이 한창 진행되던 중 교회에서 잔치를 준비하기 위해 온 성도들이 모여 돼지도 잡으며 매우 분주한 때, 공산당이 찾아와 "잠깐이면 된다."고 하면서 임광호 전도사를 데리고 갔다. 러닝셔츠 차림으로 나간 전도사가 한참 동안 기다려도 돌아오지 않아 알아보니 삼례초등학교 치안대에 갇혀 있다고 하여 부인이 찾아갔다.

부인 김복순 사모가 가서 보니 다른 방은 여러 명이 함께 있었는데 임광호 전도사는 '예수 믿는 독한 놈'이라고 독방에 갇혀 있었다. 임광호 전도사는 교회와 성도들의 안부를 일일이 물으면서 "걱정하지 말라, 곧 나

가게 될 것이다."라고 오히려 찾아온 부인을 위로하였다. 그러나 며칠 후 부인 김복순 사모가 다시 찾아갔을 때 임광호 전도사는 보이지 않았다. 임광호 전도사는 옥에 갇힌 후에도 신앙의 지조를 굳건하게 지키며 오히려 자신을 고문하는 자에게도 전도하였다. "예수만 안 믿는다고 하면 당장 살려준다."고 하여도 임광호 전도사는 오히려 "당신들도 예수 믿어야 산다."고 더 강하게 전도하였다.

임광호 전도사에게 교회건축 중지와 신앙의 포기를 강요하는 고문은 매일 밤 계속되었고 순교하던 날 밤은 더욱 심해졌다. 함께 감옥에 갇혔다가 살아남은 사람들 중 하리교회 백한나 집사와 삼례장로교회 강 장로의 딸들의 증언에 의하면, 올곧은 임광호 전도사의 태도에 그날은 공산당도 악에 받쳐 "이런 놈은 총알이 아까우니 몽둥이와 삽과 괭이로 때려

죽여야 한다."고 소리를 고래고래 질렀고, 임광호 전도사를 포함한 몇 사람을 어디론가 끌고 갔다. 7월 20일경 밤의 일이었다.

그 후 부인 김복순 사모마저 구속되었으나 겨우 풀려나 하리교회는 무사히 건축을 마치게 되었고, 굽힐 줄 모르는 신앙의 절개로 끝까지 믿음을 지킨 임광호 전도사의 고귀한 순교의 정신은, 그가 개척한 하리교회와 함께 반석 위에 든든히 서 있다. 임광호 전도사의 순교정신을 기리기 위해 총회 역사편찬위원회에서는 2001년 6월 1일 한국기독교 순교자 기념관에 순교 기념비를 봉헌하였다.

순례가이드 Pilgrimage Guide

하리성결교회 (담임 이병성 목사)
전북 완주군 삼례읍 용와로 58 Tel. 063)291-2849

故 임광호 전도사의 후손 근황

아들　임창희 목사(은행동교회 원로)
며느리　안은정 사모
손자　임무성 교수
손부　최경미 집사
증손녀　임예림 임예빈
손자　임무영 목사
손부　정하영 사모
증손들　임서윤 임준민
손녀　임성미 사모
손서　최유민 목사
외증손들　최세림 최세원 최세윤

"지금 죽어도 천국에 갈 수 있으니
죽는 것은 하나도 두렵지 않다."

기독교대한성결교회 순교성지 **두암성결교회**

죽음도 불사한
윤임례 집사와 23인의 순교

순교이야기 Martyr Story

"지금 죽어도 천국에 갈 수 있으니 죽는 것은 하나도 두렵지 않다."

1950년 10월 19일 윤임례 집사와 23인의 신자들은 민족상잔의 비극 속에 순결한 순교의 피를 흩뿌린다. 1950년 6월 25일 한국전쟁과 함께 정읍시 소성면 애당리 두암마을 주변에서도 수시로 총격전이 벌어진다. 그중에서도 특히 두암교회 성도들이 예수를 믿는다는 이유로 공산군에게 눈엣가시와 같은 존재로 치부되며 위협을 당한다.

당시 두암교회의 김용은 전도사는 반공강연회를 주도했던 임동선 전도사를 초청해 부흥집회를 열게 되고, 이것이 발각되자 가택 수색과 함께 예배 중지령을 받는다. 하지만 김용은 전도사의 어머니 윤임례 집사를 비롯한 신자들은 공산군의 탄압에 굴하지 않고, 고문을 당하면서도 교회를 지킨다.

9월 하순이 되자 공산군의 탄압은 더욱 거세진다. 김용은 전도사는 반역죄로 체포 명령을 당하고, 그의 동생 김용채 집사는 공산군의 총에 맞아 치료하던 중 죽게 된다.

그리고 10월 19일, 공산군은 윤임례 집사와 그의 가족을 비롯해 두암교회 신자들을 몰살시키고자 몽둥이와 식칼을 들고 몰려온다. 공산군은 윤임례 집사에게 이제라도 예수를 믿지 않는다고 하면 살려 줄 것이라고 협박하지만 윤임례 집사는 "나는 지금 죽어도 천국에 갈 수 있으니 죽는

것은 하나도 두렵지 않다. 당신들도 회개하고 예수를 믿으시오."라며 오히려 전도한다. 결국 공산군은 무릎을 꿇고 기도를 올리던 윤임례 집사의 목을 칼로 쳐 죽인다.

이에 멈추지 않고 공산군은 교회와 신자들의 집 4채에 모두 불을 지른다. 그때 숨어있던 윤임례 집사의 어린 아들 김성곤은 불 속에서 울면서 뛰어나오지만 공산군은 가족의 씨를 말려야 한다며 몽둥이로 때려죽이고, 또 다른 가족들은 우물 속에 집어넣어 수장시킨다. 가족들 외에도 정읍농업고등학교 학생회장이던 김용술 씨와 그의 가족, 김용은 전도사의 친구 박호준 등등 23인이 공산군의 학살로 순교를 당한다.

세월이 흘러 1964년 두암마을 출신 김태곤 전도사가 주일학교를 열면서 두암교회는 재건된다. 그리고 1966년 교회를 새로 건축하고 순교자들의 무덤을 교회 동산으로 이장하며 '순교자 묘'로 합장한다. 또한 순교자 기념교회당과 순교자 기념탑을 세우고 매년 10월 중순 순교자 합동추모예배를 드리며 지금까지도 뜨거운 순교의 뜻을 기리고 있다.

윤임례 집사와 23인 신자들의 순교는 두암교회 귀한 밑거름이 되어, 윤임례 집사의 아들인 김용은 목사와 김용칠 목사 형제는 성결교단 총회장을 역임하며 교단 발전에 헌신했고, 서명선 목사를 비롯해 20여 명의 목회자가 배출됐으며, 평신도 지도자 김용석 장로 등 많은 신앙의 후손들을 길러냈다.

순례가이드 Pilgrimage Guide

두암성결교회 (담임 홍용휘 목사)
성찬예식 사전예약 010-3683-0193
전북 정읍시 소성면 보애길 319-5 Tel. 063)537-6839

📢 **두암교회 순례안내**
① 교회입구 : 순교영성의 길(묵상의 길, 16개의 돌비)
② 교회본당 : 순교영성 드라마 시청(20분)
③ 순교 23인 합장묘 순례
④ 23인 순교기념탑
⑤ 순교 70주년 기념시비
⑥ 돌무더기 십자가 밑에서의 결단의 기도
⑦ 성찬예식
⑧ 복음의 종 타종
⑨ 순교기념관(윤임례 홀) 관람(기억하고 따르라)

故 윤임례 집사의 후손 근황

장남   김용은 목사(군산중동교회, 전총회장)
차남   사남 김용칠 목사(전주태평교회, 전총회장)
사위   서명선 목사(두암교회)
장손   김영곤 목사(해선교회)
손자   김헌곤 목사(전 문준경순교기념관장)
손사위 심영문 목사(소망교회)
손자   김곤 목사(창성교회)
손자   김명곤 목사(미국거주)
손사위 김낙중 목사(성서교회)
손자   김재곤 목사(전주태평교회)
손자   김태곤 목사(군산은광교회)
손자   옥주호 목사(호주거주)
손자   옥형호 목사(두란노교회)
손자   옥명호 목사
손자   옥경호 목사(호주거주)
증손자 김진오 목사(한빛교회)
증손자 최요셉 목사
증손자 김진성 전도사(한빛교회)

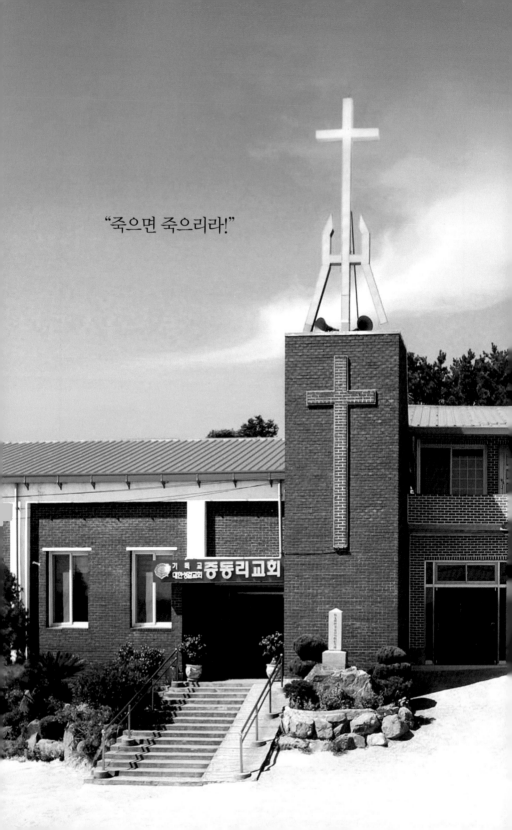

"죽으면 죽으리라!"

복음의 씨암탉
문준경 전도사의 순교

순교이야기 Martyr Story

"죽으면 죽으리라!"

1950년 10월 5일 새벽 증동리교회는 터진 몫 하얀 백사장에서 섬 선교의 어머니 문준경 전도사를 한 알의 밀알로 떠나 보낸다.

신안군의 작은 섬에까지 영향을 미친 1950년 6.25 한국전쟁은 수많은 양민을 학살하고 교회를 탄압한다. 특히 1930년 임자 진리교회를 시작으로 대초리교회, 우전리교회 등을 차례로 개척하며 섬 선교의 어머니로 불린 문준경 전도사가 있던 증동리교회 역시 노골적으로 탄압을 받는다.

공산군들이 문준경 전도사는 악질 반동이며 죄질이 크니 우리 마음대로 죽일 수 없다 하여 따로 공산군 정치보위부가 있는 목포로 끌고 가고자 하였다.

문준경 전도사를 태운 배가 목포로 가는 도중 이미 목포는 국군이 수복한 상태였다. 목포에 도착하고서야 목포가 국군에 의해 수복된 사실을 알고 공산군들은 문준경 전도사와 그의 일행을 남겨두고 도망쳐 버

렸다.

　문준경 전도사는 이미 목포에 내려와 있던 이성봉 목사를 임자 진리에서 붙잡혀 온 이판일 장로와 함께 만나게 된다. 문준경 전도사는 이성봉 목사가 섬에 들어가는 것을 만류함에도 불구하고 성도들을 염려하여 증도로 들어가게 된다.

　문준경 전도사를 비롯하여 증동리교회 신자들은 10월 4일 밤 비밀예배를 드리던 중 누군가의 밀고로 공산군에게 잡혀 바닷가 모래사장으로 줄줄이 엮인 상태로 끌려갔다. 모래사장에는 이미 잡혀 온 양민들이 죽창과 몽둥이에 맞아 죽어있는 상태였다. 문준경 전도사는 죽음 앞에서 "나는 죽어도 좋으니 내 자식(성도들)은 살려 달라"며 자신보다 성도들을 위한다.

　그러나 공산군은 "너는 반동의 새끼를 많이 까는 씨암탉"이라며 곤봉과 죽창을 휘두르며 마침내 총탄을 가슴에 꽂았다.

　문준경 전도사는 10월 5일 새벽 2시 복음 전파를 위해 발이 닳도록 뛰어다녔던 증동리 백사장에서 "오! 지금도 살아계신 하나님 아버지 죄 많은 이 영혼을 받아주소서"라고 외치며 59세의 나이로 한 알의 밀이 되어 사라진다. 하지만 문준경 전도사가 남긴 순교의 피 값은 섬 선교와 호남 선교를 넘어 이 땅에 그리스도의 푸른 계절이 오게 한, 영적후예들 이만신 목사(전 총회장, 한기총대표회장). 이봉성 목사(전 총무), 이만성 목사(전 총회장), 김준곤 목사(CCC 전 총재), 정태기 박사(한신대 치유상담대학원 명예총장)등 대표적인 기독교 지도자들을 배출해 우리나라의 아름다운 기독교 신앙을 세워가고 있다.

　현재 증도섬에는 문준경 전도사가 개척했거나 문준경 전도사의 순교정신을 계승하기 위해 세워진 증동리교회를 비롯한 10개의 성결교회가 매년 10월 5일 추모예배를 드리며 순교의 고귀한 뜻을 계승하고 있으

며, 문준경 전도사가 피로 뿌린 복음을 이어가고 있다. 또한 문준경 전
도사의 순교정신을 기념하기 위한 기념관이 건립되어 순교의 영성을 따
르고자 믿음의 자녀들이 끊임없이 발걸음을 계속하고 있다.

증동리성결교회 (담임 양진훈 목사)

전남 신안군 증도면 문준경길 178 Tel. 061)271-7547

☛ 증동리교회에는 문준경 전도사 시절의 교회의 터가 고스란히 남아있고, 도보로 5분정도 걸으면 문준경 전도사 순교기념관을 탐방할 수 있다. 또한 순교기념관에서 10분 정도 걸어가면 문준경 전도사의 순교의 현장과 추모 기념비를 볼 수 있다.

아버지의 순교,
아들의 용서 이야기

순교이야기 Martyr Story

"현존하는 한국성결교회의 유일한 장로 순교자"

1950년 10월 4일 밤, 5일 새벽을 기점으로 임자진리교회는 마지막 순간까지 신앙을 지켰던 이판일 장로와 일가족 3대 13인을 포함한 48인의 순교자를 떠나보낸다.

임자진리교회는 1932년 7월, 섬마을 복음전도자로서 순교한 초대 교역자 문준경 전도사에 의하여 개척 설립된 최초의 교회다. 문준경 전도사는 탁월한 명창의 재능으로 찬송을 불러 사람들이 모이면 자연스럽게 복음을 전하였고 또한 가가호호를 방문하여 축호 전도를 하였으며 이때 이판일, 이판성 형제 그리고 일가족들이 예수님을 구주로 영접하였고 두 형제는 나중

에 장로와 집사로서 진리교회의 야긴과 보아스 같은 든든한 기둥이 되었다.

임자진리교회가 날로 부흥하던 1950년, 한국전쟁의 발발로 임자도 역시 공산 치하에 놓인다. 이후 9월 24일 진리교회 역시 간판을 떼이고 예배당을 빼앗기게 된다. 하지만 진리교회 제1호 장로(1946년도 장립) 인 이판일은 동생 이판성과 가족들을 비롯한 성도들과 함께 가정에서 밀 실 예배를 계속하였고 결국 반동분자로 체포된다. 그들은 목포 정치보 위부로 압송되어 곤욕을 치르지만 이판일 장로를 알아본 안식교 교인으 로 추정되는 정치보위부장에게 취조받고 석방된다.

그러나 이판일 장로는 걱정하며 만류하는 주위 사람(이성봉 목사, 장 남 이인재 등등)들에게 "나는 이미 각오했다"라며 강한 순교 의지를 보이 자, 더이상 만류하지 못하였고, 그는 성도들과 교회가 있는 임자도로 귀 향하였다. 석방된 지 일주일쯤 되는 10월 4일 밤, 이판일 장로를 비롯한 가족들과 일부 성도들은 이판일 장로 가정에 모여 수요예배를 드린다. 그런데 갑자기 삽과 몽둥이, 죽창 등으로 무장한 좌익 세력들이 들이닥쳐 성도들을 포승줄로 포박하여 끌고 갔다.

다음 날 새벽 1시경, 노모(남구산, 78세)님을 이판일 장로 형제가 좌익 세력에게 허락받아 교대로 업고 가는 3km 지점의 백산 형장은 '영적인 골고다길'이었다. 캄캄하고 험한 밤길을 더듬으며 처형장에 당도하자, 좌익 세력들은 이판일 장로 및 가족들과 함께한 일부 성도들을 미리 파놓은 큰 모래 구덩이 앞에 세운다. 그때 이판일 장로는 무릎을 꿇고 "주여, 이 부족한 종과 우리 모두의 영혼들을 받아주소서! 또한 저들의 죄를 용서하여 주소서."라며 스데반처럼 최후의 기도를 드린다. 그러자 그 모습을 지켜본 좌익 세력들 중 주동자가 "죽을 놈이 무슨 기도냐!"며 삽으로 이판일 장로의 뒷머리를 쳤고 이를 기회로 "다 죽여라"는 외침과 함께 닥치는 대로 치고 때리고 찔러대 모두 다 희생하고야 말았다.

새벽녘 광기 어린 살인자들이 마을 입구에 들어섰을 때 친구 집에서 잠자다 화를 면했던 이판성 집사의 어린 딸, 이완순(여, 8세)이 울면서 엄마를 찾아다니는 것을 발견하고 갯벌로 끌고 가서 입을 찢고 몽둥이로 때려 잔인하게 죽여서 내쳐 버리는 만행을 저지른다.

이렇게 이판일 장로와 이판성 집사 형제 그리고 노모와 자녀들, 3대 일가족 13인을 포함한 48인의 성도들이, 일부는 총칼에, 더러는 손발이 묶여 바닷물에 던져지고 갯벌에 내쳐졌으며 또한 죽창에 찔리고 삽, 곡괭이, 몽둥이 등에 맞아 장렬하게 순교를 맞이하였다. 결국 그 해 9월 말부터 10월 중순에 걸쳐 임자진리교회 48인의 성도들이 주님의 품에 안겨 안식하게 된 것이다.

당시 목포에 거주해 화를 면했던 이판일 장로의 장남 이인재는 10월 30일 국군과 함께 고향에 돌아온다. 이때 이인재는 국군 책임자(해군 백부대)로부터 '부역자 색출위원장'이라는 직함을 받고 공산 사상에 세뇌된 부역자들을 잡아 야산 공터 처형장에 세운다.

부모·형제를 죽인 원수들에게 보복할 기회를 부여받고 총을 건네받은 이인재가 방아쇠를 당기려는 순간 아버지 이판일 장로의 다급한 음성이 귓가를 때렸다. "아들아, 내가 그들을 용서했으니 너도 그들을 용서하라!" 결국 이인재는 "당신들이 죽인 내 아버지가 당신들을 용서하셨으니 나도 당신들을 용서합니다. 이것은 오로지 하나님의 사랑 때문입니다."라고 말하며 결박을 풀어주고 용서하였으며, 더 이상 이들이 희생당하지 않도록 흰 당목천에 십자가와 태극기를 밤새껏 그려 넣은 띠를 좌, 우익을 가리지 않고 나눠주어 신분과 생명을 보장해 주었다. 이러한 적극적인 구명운동으로 말미암아 살아난 사람들이 수백 명에 이르렀고 이로 말미암아 임자도는 피의 보복이 크지 않은 평화의 섬으로 회복될 수 있었다. 더나아가 이인재는 아버지와 가족들의 순교를 헛되이 하지 않기 위하여 전

답 1,000여 평을 팔아 이판일 장로 순교기념교회를 세웠는데 바로 대기리교회(1953. 5월 개척설립)이다.

이 무렵, 주의 종으로 헌신한 이인재는 임자진리교회에서 두 대(7代/10代)에 걸쳐 담임교역자로 봉직, 사역하면서 그들의 자녀들을 결혼주례까지 하는 등등 축복하는 목회를 함으로써 임자도에 나타난 십자가는 굳게 세워진 십자가가 되었으며 큰 부흥을 이루고, 원로목사로 추대받았다.

현재 임자진리교회는 교회 앞에 '48인 순교기념탑(1990. 총회지원)'을 세워 그들의 피흘린 적색 순교신앙을 후세에 전하며, 영으로서 몸의 행실을 죽이는 백색 순교의 신앙생활을 이어가고 있다. 또한 이판일 장로 후손들이 백산 순교 터를 매입하여 교단에 기증하였고, 기독교대한성결교회 총회는 그 자리에 '용서하라'는 기념비를 세워 아버지의 순교와 아들의 용서가 아름답게 어우러진 꽃피운 십자가를 만대에 전하고자 하는 것이다.

이판일 장로의 순교적 의의는 "현존하는 한국성결교회의 유일한 장로 순교자"라는 것이다. 하나님 제일주의 신앙관, 교회중심의 생활관으로 언제나 교회 먼저, 주의 종 우선으로 섬겨 평신도와 장로들의 사표(師表)가 되고 있다.

순례가이드 Pilgrimage Guide

임자진리교회 (담임 이성균 목사: 순교자 이판일 장로 직계 손자)
전남 신안군 임자면 진리길 25
Tel. 061)275-5322 / 010-7457-3100

임자진리교회 실천목표
1. 산 순교자 / 작은 예수 / 회개에 합당한 열매
2. 평생죽자 / 매일죽자 / 날마다죽자 / 오늘도죽자 / 죽어야산다 / 나는죽자 / 예수로살자!
3. 내가진리교회 / 죽어서사는교회 / 나는날마다죽노라 (고전15:31)

"천황이 더 높으냐
네가 믿는다고 하는 하나님이 더 높으냐?"

기독교대한성결교회 순교성지 **군위성결교회**

항일민족정신과
순직의 신앙이 깊이 배어 있는

순교이야기 Martyr Story

"천황이 더 높으냐 네가 믿는다고 하는 하나님이 더 높으냐?"

"눈에 보이는 천황과 눈에 보이지 않는 하나님을 어떻게 비교할 수 있느냐? 예수님은 만왕의 왕이시다! 일본은 망할 것이니 그리 알아라!" 일제 고등계 형사와 최헌 목사 간의 설전(舌戰)이었다. 최헌 목사가 이런 반응을 보일 때면, 온갖 욕설과 함께 물고문, 고춧가루 고문 등등 온갖 악랄한 고문이 뒤따랐으며, 계속하여 천황과 하나님 중에 누가 더 높으냐는 질문에 시달려야 했다. 그때마다 최헌 목사의 입에서 나오는 말은 변함이 없었다. "오직 일본은 망할 것이다." 이처럼 굳건한 예수 재림신

앙은 나라를 잃은 우리 민족에게 항일 민족운동으로 귀결되었다.

이런 태도는 최헌 목사와 함께 투옥되어 잔악한 심문에 시달렸던 군위교회와 그 지교회인 성동교회 신자들에게 그대로 재현되었다. 군위교회의 오순환(42) 여전도사와 정진근 장로, 성동교회의 도계택 장로(53), 은희천 집사(44), 정영식(22) 집사 등도 체포 투옥되었다. 당시 군위교회 정진근 장로는 이들보다 앞서 경찰서에서 약 20일간 고초를 겪었다.

군위교회가 이처럼 수난을 당한 배경에는 예수 재림신앙과 일제가 금지했던 애국 사상을 담은 노래를 불렀기 때문이다. 1941년 12월에 군위교회에서 열린 부흥회가 빌미가 되었다. 이때 담임목사였던 최헌(37)은 예수의 재림이 임박했고, 전쟁, 기근, 전염병 같은 말세의 징조가 많이 나타난다고 설교했다. 일제는 이것을 정치에 관한 불온한 언동으로 치안을 방해하고, 천황의 존엄을 모독하는 불경 행위로 여겨 치죄(治罪)하고자 했다. 또한 주일학교 학생 30여 명에게 〈금수강산가〉, 〈에덴동산가〉, 〈우승가〉 등을 가르치며 함께 조선말로 합창하였다. 이 노래들은 기독교의 복음을 담은 찬송가였지만 이면에는 독립사상이 담겨 있었다. 일제는 이들 노래가 구한국 시대의 정치를 추구하며 현 정치를 비방하는 불온한 내용을 함축하고 있으며, 따라서 치안을 방해하였다고 치죄했다.

이 때문에 이들은 1941년 12월 14일 군위경찰서에 구금되어 6개월 동안 고문과 취조를 받았다. 몸서리가 나는 심한 고문으로 인간 이하의 고생을 해야 했다. 그리고 1942년 6월에는 보안법 위반 혐의로 대구 검사국으로 이송 형무소에 수감되었다. 1년간 모진 옥고를 겪은 최헌 목사는 또 다시 보안법 제7조, 형법 제55조, 제74조 1항, 제54조 1항, 조선형사법 제42조 등이 적용되어 정식으로 1년 징역판결을 받아 1944년 6월까지 약 2년 5개월 이상 옥고를 치러야 했다.

이런 연유로, 군위교회는 성결교회의 역사 유적지로 손색이 없다. 성결교회의 재림신앙뿐 아니라 그런 신앙 운동이 서슬 퍼런 일제에 항거하는 민족정신의 발현으로 드러났다는 점에서 더욱 그렇다. 또한 군위교회는 두 가지 유의미한 역사 유적이 있다. 하나는 2007년 7월 문화재위원회로부터 등록문화재 제291호로 지정된 예배당이고, 다른 하나는 교회창립 70주년에 세워진 순직비(좌대 100×60×50cm, 비석 20×60×90cm 화강암)이다. 이처럼 군위교회의 역사의식은 무척 돋보인다. 군위교회가 제1차(1937), 제2차(1956), 제3차(1987), 제4차(2002) 예배당 등 4개의 구 예배당을 보유하고 있다는 것도 좋은 징표이다. 이들 중 첫 번째 예배당은 근대 문화유산으로 인정되어 등록문화재 제291호로 지정되었다.

이 첫 번째 예배당은 창립 70주년에 세워진 순직비와도 연관이 깊다. 이 순직비의 주인공들은 이종익 목사와 노성문 집사이다. 두 사람은 1937년 6월 초 예배당을 신축하기 위해 낡은 예배당을 철거하다가 건물 붕괴로 순직의 피를 흘렸다. "목수와 토공의 임금만 지불하고 그 이외는 전부 신자들의 힘으로 하려다가" 불의의 사고를 당했던 것이다. 군위교회에서는 이를 역사적 유산으로 삼아 신앙의 지표와 경계석으로 기억하고 있다.

덧붙여, 군위교회는 1920년 7월 2일에 착수하여 10월 20일 김병선 전도사에 의해 설립되었다. 본래 군위지역은 장로교에서 교회를 세우고자 많은 전도자를 보내어 애썼지만 결실을 보지 못하고 결국 포기해 버린 지역이었다. 그만큼 영적으로 척박한 지역이었다. 그런데 김병선 전

도사 내외의 열정적인 구령 운동으로 지역의 영혼들이 깊은 잠에서 깨어
나기 시작했고, 강태즙 전도사가 사역하던 1927년에는 자체 교회당을
건축 봉헌할 정도로 부흥하였다. 특히 청년전도대의 열정은 특별하여 의
흥교회와 비안교회 설립으로 이어졌다.

순례가이드 Pilgrimage Guide

군위성결교회 (담임 허병국 목사)
대구광역시 군위군 군위읍 동서4길 6 Tel. 054)383-1009

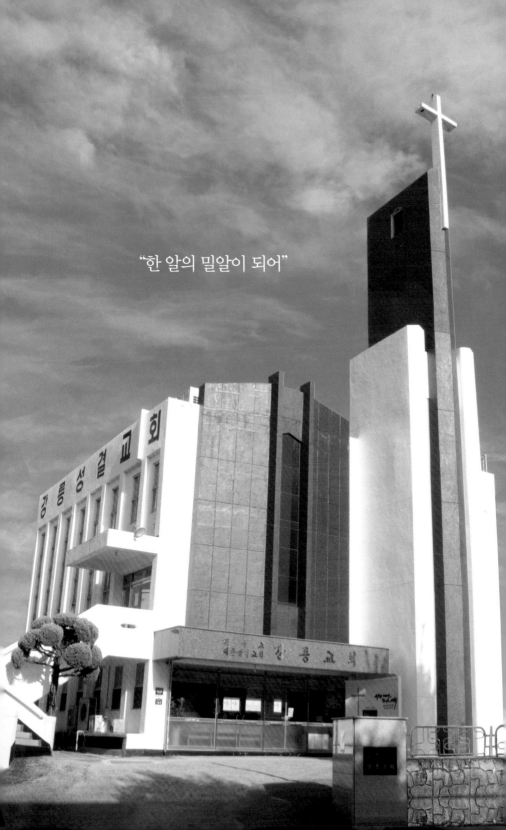

"한 알의 밀알이 되어"

영동지역 성결교회의 어머니 교회인 강릉성결교회를 재건한 한 알의 밀알

순교이야기 MartyrStory

100년의 역사를 가지고 있는 강릉성결교회는 신앙적 유산이 많은 교회다. 일제강점기 때는 일제의 신사참배 강요에 맞서 싸우다가 옥고를 치른 조국형 목사가 있고, 6.25 전쟁의 민족적 비극의 때에는 인민군 패잔병들에 의해 처참하게 순교한 임수열 전도사가 있다.

강릉이라고 하는 지역은 철기시대 동예의 도읍지였고, 우리나라 삼국시대와 통일신라, 고려시대, 조선시대에 이르기까지 영동지역의 대표성을 띠는 중요한 도시였다. 태백산맥으로 동서가 나누어져 있는 지리적인 특성으로, 중앙문화의 유입보다는 독자적 문화를 유지해 온 보수적

인 특징과 무속 신앙의 뿌리가 깊은 곳이기도 하다. 복음의 불모지였던 강릉에 감리교 하디 선교사에 의해 복음이 처음 전해지고, 21년 후인 1925년 7월 동양선교회로부터 파송 받은 차진학 전도사에 의해 성결 복음이 시작되었다. 배타적인 지역에서 복음을 전하기란 쉬운 일이 아니었지만, 성결교회 특유의 복음적 열정으로 강릉성결교회는 자리를 잡아갔다. 일제강점기 상황에서 신앙을 지키기는 쉽지 않았다. 그러나 순교적 신앙을 가진 교역자들과 그 가르침을 받은 성도들은 교회를 든든히 세워나갔다. 재림신앙을 트집 잡은 일제에 의해 모든 성결교회가 강제 해산 되었을 때 강릉교회도 폐쇄되는 아픔을 겪었다. 해방과 더불어 흩어졌던 성도들이 다시 모였고, 이들의 눈물겨운 헌금으로 교회를 재건하였다. 그러나 교회의 재정 형편이 열악하여 주임 교역자 없이 전도부인에 의해 교역이 행해지다가 경성신학교(서울신학대학교 전신)를 졸업한 임수열 전도사가 6대 주임 교역자로 부임하게 되었다. 기골이 장대한 사람이었으나 온유하고 겸손한 임수열 전도사는 복음의 열정이 뜨거웠다. 부임하면서 노방전도, 개인전도, 교도소 수감자들에게 복음을 전하였고, 교인들의 수가 늘어나 크게 부흥하였다. 얼마 후 교단 본부는 그의 헌신적인 목회 활동을 인정하여 좀 더 규모가 큰 논산교회로 발령을 내렸으나, 이 사실을 알게 된 교회 직원들이 밤새도록 울면서 만류하여 강릉성결교회를 떠날 수 없었다. 그는 오직 하나님의 자비와 긍휼하심을 바라며 신자들을 돌보는 목양에 전념하였던 하나님의 신실한 종이었다.

교역자로 헌신하기 전의 임수열은 동서양의 문학과 철학에 관심을 두고 독서를 하면서 종갓집 가문에서 처음으로 예수를 믿게 된 사람이다. 민족 계몽의식이 뚜렷했던 그는 문맹 퇴치와 민족해방에 관한 글을 수첩에 기록한 것이 일본 헌병에게 발각되어 '고등범'의 죄목으로 함경도 성진 감옥에 6개월간 투옥된 전력이 있다. 동생 임동선이 알지 못하는 중병에 걸렸을 때 가족들은 무당을 불러 푸닥거리하였지만 임수열 전도사 부부는 기도하며 침술에 능한 의원의 치료를 병행하여 완쾌시켰다. 이로 인해 기독교 신앙의 힘을 친인척들에게 증명하기도 하였다. 인천의 송현성결교회에 출석하며 성실하게 신앙생활을 하던 임수열은 담임목사의 추천으로 경성신학교에 입학하였고, 동생 임동선을 권유하여 함께 경성신학교에 입학하였다. 임수열은 동생에게 "존 웨슬리와 찰스 웨슬리 형제처럼 힘을 합해 한국을 계몽하고 구령하여 아름다운 나라를 만들자"며 사명을 다짐하곤 하였다.

민족 비극의 날인 6월 25일 새벽 4시에 북한 공산군들은 38선을 넘어 남침하기 시작했다. 주일 아침 11시 대예배를 마치자, 남침을 알리는 군용차량의 방송이 시작되었고, 피난민들의 가득한 행렬이 보이기 시작했다. 며칠 후 인민군들이 강릉에 들어오자, 민심을 안심시키기 위해 선무공작을 시작했는데, 그들은 신앙의 자유를 허락하겠다고 방송했다. 6·25동란이 발발한 이후, 첫 주일 예배를 드리는데 예배당 밖에서는 따발총으로 무장한 빨치산 복장의 한 병사가 계속 감시하고 있었다. 임수

열 전도사는 가족들과 함께 피란하는 사람들을 따라 부산까지 내려가 부산 동광교회 지하실에 기거하며 한동안 어려운 피난 시절을 보내야 했다. 그러나 늘 마음 한편에는 두고 온 강릉성결교회와 성도들을 향한 안타까움이 가득했다. 1950년 9월 26일(화요일), 추석 명절이 되어 임수열 전도사는 떠나온 교회와 성도들이 생각났다. 마침 유엔군이 낙동강 도하작전에 성공하고, 9월 16일 인천상륙작전이 성공했다는 소식이 전해지자 곧 서울도 수복될 것이라 기대하였다. 임수열 전도사는 만류하는 가족들을 남겨두고 시무하던 강릉성결교회와 성도들의 안전을 살피기 위해 북진하는 유엔 선발대를 따라 홀로 강릉성결교회에 도착했다. 다음 날이 마침 수요일이어서 성도들을 모아 수요예배를 드리고 하룻밤을 교회 관사에서 유숙하였다. 임수열 전도사는 그날 저녁 개인 기도를 드리고 잠을 자려고 하였으나, 밤이 되면 늘 나타나던 인민군 패잔병들에게 붙잡혀 20여 명의 강릉 출신 기독교 인사들과 함께 한 줄로 묶여 산으로 끌려갔다. 이동하기가 쉽지 않게 되자, 한 사람씩 돌로 내리치고 쓰러진 사람들의 귓구멍에 말뚝을 박아 처참하게 학살하였다. 이로써 임수열 전도사는 '그리스도의 남은 고난'을 따라 죽임을 당하여 영광스러운 순교자의 반열에 서게 되었다. 이 사건이 벌어진 날은 1950년 9월 30일(그믐날, 토요일)이었다. 이날은 억울하게 죽임을 당해야 했던 슬픈 날이었지만, 의를 위해 핍박을 받은 날이자 그리스도의 고난에 동참하는 날이었다. 임수열 전도사가 흘린 순교의 피는 영동지역 성결교회의 어머니 교회인 '강릉성결교회'를 재건하는 영적인 밑거름이 되었고 그 사실을 우리는 영원히 기억할 것이다. 강릉성결교회는 교회설립 100주년이 되는 2023년 1월 1일 첫 주일 본 교회 예배당 앞에서 '순교자 임수열 전도사 순교비 제막식'을 가졌고, 이는 온 성도들의 마음과 기억 속에 깊이 각인하는 계기가 되었다.

순교한 임수열 전도사의 유족으로는 세 아들이 있으며, 사모인 함정희 전도사는 부산 고려신학교를 거쳐 동래의 서울신학교(서울신학대학교 전신)를 졸업한 이후 만리현교회와 은평교회에서 시무하다가 현재 미국 LA 동양선교교회를 섬겼다. 동생인 임동선 목사는 1954년 군목이 되어 민족복음화에 헌신하였고, 1965년 도미하여 미국 LA 동양선교교회(1970)를 개척하여 초교파적으로 유명한 부흥강사가 되어 온 세계를 다니며 1,200회 이상 집회를 인도하였다. 1989년 디아스포라 이민목회자 양성을 위한 〈월드미션대학교〉를 설립하여 초대 총장이 되어 사역하다가 은퇴하여 원로목사로 추대되었다. 그 후 2016년 9월 24일, 향년 93세의 일기로 하나님의 부르심을 받았다.

순례가이드 Pilgrimage Guide

강릉성결교회 (담임 이상진 목사)
강원도 강릉시 임영로 160 Tel. 033)643-7791

기독교대한성결교회 성지순례 안내

철원성결교회

강릉성결교회

기독교대한성결교회 총회본부

서울신학대학교

백암성결교회

조치원성결교회

군위성결교회

강경성결교회

병촌성결교회

하리성결교회

두암성결교회

임자진리성결교회
증동리성결교회
문준경순교기념관
성결교회 역사전시실

기독교대한성결교회 역사편찬위원회에서 발행한 성지순례 가이드를 구입하시려면
총회본부 교육국으로 문의하여 주시기 바랍니다.(02-3459-1051~2)

MEMO

기독교대한성결교회 성지순례 가이드

부활과 재림신앙을 따라

초 판 발 행 : 2002년 9월 16일
1차 개정판 : 2007년 6월 25일
개정증보판 : 2012년 5월 21일
2차 개정판 : 2017년 5월 22일
개정증보판 : 2024년 5월 27일
발행인 : 문창국
발행처 : 기독교대한성결교회 역사편찬위원회
발행위원 : 성찬용 김병태 정호섭 정찬선 김철규 임성열 김승모
책임편집 : 안용환
디자인 : 권미경 하수진

펴낸곳 : 기독교대한성결교회 출판부
서울시 강남구 테헤란로64길 17(대치동)

대표전화 TEL (02) 3459-1051~2/ FAX (02) 3459-1070
홈페이지 http://www.eholynet.org
등록 1962년 9월 21일 등록번호/ 제16-21호
ISBN 978-89-7591-354-9 03230
가격 2,000원